BEI GRIN MACHT SICH IHR WISSEN BEZAHLT

AF152819

- Wir veröffentlichen Ihre Hausarbeit,
  Bachelor- und Masterarbeit

- Ihr eigenes eBook und Buch -
  weltweit in allen wichtigen Shops

- Verdienen Sie an jedem Verkauf

Jetzt bei www.GRIN.com hochladen
und kostenlos publizieren

Coaching und Psychotherapie. Testverfahren, rational-emotive Verhaltenstherapie

GRIN

Bibliografische Information der Deutschen Nationalbibliothek:

Die Deutsche Nationalbibliothek verzeichnet diese Publikation in der Deutschen Nationalbibliografie; detaillierte bibliografische Daten sind im Internet über http://dnb.d-nb.de abrufbar.

ISBN: 9783389043882
Dieses Buch ist auch als E-Book erhältlich.

Druck und Bindung: Books on Demand GmbH, Norderstedt Germany
Gedruckt auf säurefreiem Papier aus verantwortungsvollen Quellen

Das vorliegende Werk wurde sorgfältig erarbeitet. Dennoch übernehmen Autoren und Verlag für die Richtigkeit von Angaben, Hinweisen, Links und Ratschlägen sowie eventuelle Druckfehler keine Haftung.

Das Buch bei GRIN: https://www.grin.com/document/1485966

Einsendeaufgabe

Coaching

Alternative C

Abgegeben am 23.01.2022

Psychologie B. Sc.

Modul: Coaching

Inhaltsverzeichnis

Abkürzungsverzeichnis

z.B.	Zum Beispiel
Ca.	Cirka
COPSOQ	Copenhagen Psychosocial Questionnaire
AVEM	Arbeitsbezogene Verhaltens- und Erlebensmuster
REVT	rational-emotive Verhaltenstherapie

1 Gegenüberstellung von Coaching und Psychotherapie

Im folgenden Teil der Arbeit, soll der Begriff und das Verständnis von Coaching und Psychotherapie erarbeitet werden. Im Anschluss erfolgt eine Abgrenzung von Coaching und Psychotherapie anhand von Beispielen.

1.1 Coaching

Unter dem Begriff Coaching lässt sich ein Beratungsverfahren definieren. Dieses umfasst zwei Rollen, zum einen den Rat suchenden und zum anderen den Rat gebenden. Bei der Beratung handelt es sich um ein freies Verständnis zwischen den beiden Rollen. Coaching ist eine prozessorientierte Beratung und wird somit von der Fachberatung abgegrenzt. Die Fachberatung ist auf Kenntnisse in einem bestimmten Fachgebiet spezialisiert (z. B. Steuerrecht, Suchtentwicklung). Das Coaching legt den Fokus auf den Prozess zwischen Berater und Klient. Hierbei muss der Wert besonders auf der professionellen Beziehungsarbeit von Coach und Klient liegen. Bei einem Coaching muss sich der Klient über sein Problem bewusst sein, ohne dass eine Ursache oder eine Lösung formuliert werden kann. Bei der Diagnose des Problems nimmt der Klient aktiv teil und bestimmt die Interventionsformen, dadurch erhält er während des gesamten Beratungsprozess die Verantwortung für sein Problem. Zu Beginn einer Coaching-Situation wird zunächst die Zielsetzungen klar formuliert. Dies klingt leichter gesagt als getan, denn neben der tragfähigen persönlichen Beziehung muss auch eine Klarheit über die Zielsetzung des Coachings entstehen. Das Coaching ist personenzentriert, da im Mittelpunkt die Person des Klienten steht. Bei der Beratungssituation wird versucht die Sichtweisen, die Voraussetzungen dieser Sichtweisen und daraus resultierende Probleme des Ratsuchenden zu verstehen. Zudem wird danach gefragt, welche Theorien die Klienten über sich selbst haben. Personenzentrierte Beratung bedeutet aber auch, dass die Loyalität des Coaches gegenüber dem Ratsuchenden gegeben ist. Darüber hinaus ist Coaching auch lösungsorientiert, hierbei gilt nicht, dass die Lösungen durch den Coach erarbeitet werden und dann dem Ratsuchenden zur Verfügung gestellt werden, sondern gemeinsam mit dem Ratsuchenden erarbeitet werden.

Es kann sogar festgehalten werden, dass die Lösungen in erster Linie von dem Klienten selbst erarbeitet werden und der Coach lediglich dabei unterstützt. Ein Coaching zielt immer auf eine konkrete soziale Situation ab. Je konkreter die Situation beschrieben werden kann, desto besser kann man im Rahmen eines Coachings an dieser Situation arbeiten. Auch die Diagnostik spielt im Coaching eine zentrale Rolle. Wenn Klienten die Fähigkeit besitzen mit sich selbst übereinstimmend zu handeln und sich auch so zu erleben kann man diese als kongruent bezeichnen. Sollte ein Klient diese Fähigkeit nicht besitzen kann man sie als inkongruent bezeichnen. Wenn ein Klient überwältigenden Erfahrungen ausgesetzt ist, welche für ihn unerträglich sind, kann er als stressinkongruent bezeichnet werden. Allgemein kann festgehalten werden, dass es sich bei einem Coaching um eine prozess- und lösungsorientierte, sowie personenzentrierte Beratung handelt. Hierbei wird gemeinsam mit dem Ratsuchenden an einer bestimmten sozialen Situation gearbeitet.[1]

Unter den Begriff Coaching lassen sich verschiedene Begriffe ein ordnen: Management-, Karriere-, Business-, Life-, Personalcoaching, Lebensberatung, Rhetorik- oder Kommunikationstraining. Durch genaues Beschäftigen mit dem Begriff Coaching wird deutlich, dass Coaching als Oberbegriff für ein großes Marktsegment fundiert. Mittlerweile ist das Sortiment am Coaching so groß, dass die Sicht auf seriöse Angebote versperrt wird. In Deutschland sind dieser Begriff und seine Verwendung leider nicht geschützt. Da es sich bei der Psyche um ein komplexes Konstrukt handelt, gibt es auch zahlreiche Definitionen und Sichtweisen auf das Coaching. Bei jedem Menschen sind die Wahrnehmungskanäle anders ausgerichtet, sodass jeder Mensch eine andere Vorgehensweise benötigt, um etwas in seinem Leben zu verändern. Im Gegensatz zur Psychotherapie richtet sich Coaching an gesunde Menschen, welche auch nicht als Patienten, sondern als Klienten bezeichnet werden. Dieser wird vom Coach mit verschiedenen Fragetechniken bzw. Methoden, zur Aufdeckung von Problemen, Zielen, Visionen und Ressourcen, unterstützt. Zudem wird geklärt, ob das "Problem" nun beruflicher oder persönlicher Natur ist. Der Coach versucht unterschiedliche Verhaltensebenen, Rollenanforderungen, Lebensbereiche, Prioritäten, Wahrnehmungs- oder Gedankenverzerrungen zu

---

[1] *Fahr* (2017), S. 3–7.

verdeutlichen und zu hinterfragen. Dadurch können die Ziele des Klienten konkretisiert werden und neue Vorgehensweisen bzw. Verhaltensmuster ausfindig gemacht werden. Die Zielgruppe für Coaching ist groß, denn im Endeffekt kann jeder an einem Coaching teilnehmen, der die ernsthafte Absicht hat eine Veränderung im Leben hervorzurufen. Nun soll zum Verständnis anhand eines Fallbeispiels eine konkrete Coachingsitaution vorgestellt werden.[2]

Herr O. ist Leiter der Personalabteilung in einem großen Unternehmen. Er nimmt an einem Coaching teil, da er sich mit der Situation überfordert fühlt. Sein Arbeitspensum hat in den letzten Jahren stetig zugenommen, so dass immer mehr Aufgaben mit immer weniger Personal zu bewältigen sind. Mittlerweile hat er eine wöchentliche Arbeitszeit von circa 60 Stunden. Er fühlt sich immer gereizter und überforderter. Zudem leidet er seit längerer Zeit an Schlafstörungen und kann in seiner Freizeit nicht richtig abschalten. Er hat keine Energie mehr und weiß nicht, wie er die Situation bewältigen kann.[3]

1.2 Psychotherapie

Bei einer Psychotherapie werden emotionale Probleme mit Hilfe von psychologischen Mitteln behandeln. Hierfür wird ein ausgebildeter Psychotherapeut benötigt, welche eine berufliche Beziehung mit dem Patienten herstellt und das Ziel verfolgt die bestehenden Symptome zu bekämpfen, zu verändern oder zu mildern. Zudem können gestörte Verhaltensweisen umgewandelt und so eine günstige Entwicklung der Person gefördert werden.[4] In den letzten Jahrzehnten hat sich im Rahmen der Profession hinsichtlich des Gegenstandes Psychotherapie eine zunehmende Konvergenz herausgebildet. In Dutzenden Lehrbüchern wird beschrieben, dass Psychotherapie eine Behandlung mit psychologischen Mitteln ist. Hierbei entsteht eine klare Abgrenzung gegenüber medizinischen Mitteln wie zum Beispiel Medikamenten,

---

[2] **Was ist Coaching und was kann es alles? (2022).**
[3] *Stefanie Kunz* (2019).
[4] *Hänel* (2018), S. 248.

Apparaten oder operativen Techniken. Bei der Psychotherapie geht es um bewusste und geplante Vorgehensweisen, welche lehr- und lernbar sind. Sie basieren auf Theorien des normalen und pathologischen Verhaltens. Der Konsens der Psychotherapie zwischen Patient und Therapeut soll im Hinblick auf die Behandlungsbedürftigkeit auch über die Ziele der Therapie herbeigeführt werden. Des Weiteren ist die tragfähige emotionale Bindung zwischen Patient und Therapeut von großer Bedeutung, diese wurde in der Verhaltenstherapie lange unterschätzt. Der Therapeut kann je nach Störung auf verschiedene Therapieansätze zurückgreifen, wie z.b. tiefenpsychologische Ansätze, Verhaltenstherapie, humanistische Therapieansätze, Familien- und Systemtherapien.[5]

Wörtlich übersetzt bedeutet Psychotherapie die Behandlung der Seele bzw. von seelischen Problemen und kann bei Störungen des Denkens, Fühlens, Erlebens und Handelns herangezogen werden (z.b. Ängste, Depressionen, Essstörungen, Verhaltensstörungen, Süchte und Zwänge). Zudem wird Psychotherapie auch bei psychosomatischen Störungen angewandt. Unter dem Begriff Psychosomatik lässt sich verstehen, dass die Psyche (Seele) einen schädlichen Einfluss auf den Körper hat. Eine Psychotherapie ist dann sinnvoll, wenn man über einen bestimmten Zeitraum von Problemen geplagt wird, welche man nicht alleine in den Griff bekommt. Ebenso wie bei Coaching, ist es bei der Psychotherapie auch wichtig, dass die/der Betroffene ernsthaft dazu bereit ist sich mit den Problemen auseinanderzusetzen und aktiv an der Beseitigung dieser teilzunehmen. Man kann zwischen stationärer und ambulanter Psychotherapie unterscheiden, Vorraumsetzung für eine ambulante Therapie ist jedoch ein Mindestmaß an psychischer Stabilität. Den Titel Psychotherapeut, darf man nur führen, wenn man eine staatliche Anerkennung zur psychotherapeutischen Qualifikation durch eine Approbation besitzt. Doch auch Personen, welche nicht berechtigt sind, diesen Titel zu führen, dürfen psychotherapeutische Behandlungen anbieten. Wenn man eine psychotherapeutische Intervention in Anspruch nehmen möchte, treten leider häufig Probleme auf, wie lange Wartezeiten, durch den Mangel an

---

[5] Psychotherapie (2014).

ausgebildeten Fachleuten. Im Folgenden soll nun ein konkretes Beispiel für eine psychotherapeutische Intervention vorgestellt werden: [6]

Herr B. kommt in eine psychotherapeutische Praxis und berichtet im Erstgespräch über starke Unsicherheiten und Ängste. Diese treten überwiegend im Kontakt mit Fremden auf. Dadurch vermeidet er beispielsweise Telefonate, Partys oder öffentliche Verkehrsmittel. Die Angst übernimmt Tag für Tag eine größere Rolle in dem Alltag von Herr B. ohne eine passende Psychotherapie würde der Klient bald den Kontakt zur Außenwelt komplett abbrechen.

2   Testverfahren

Bei Coaching kann zu verschiedenen Techniken gegriffen werden, welche sich auf Testverfahren konzentrieren. In diesem Teil der Arbeit, soll die Copenhagen Psychosocial Questionnaire (COPSOQ) und das Arbeitsbezogene Verhaltens- und Erlebensmuster (AVEM) genauer vorgestellt werden. Zudem soll jeweils eine Coachingsituation, in der das jeweilige Verfahren von Nutzen sein kann vorgestellt werden. Danach soll erklärt werden, wie die Verfahren genutzt werden können und wo ihre Grenzen sind.

2.1   Copenhagen Psychosocial Questionaire (COPSOQ)

Der COPSOQ wurde ursprünglich von Kristensen, Hannerz, Hogh und Borg am dänischen National Institute for Occupational Health entwickelt und validiert. Die aktuelle deutsche Version des COPSOQ wurde von Mödling überprüft und beurteilt. Die Objektivität, Reliabilität, sowie die Validität dieses Fragebogens

---

[6] VPP - Was ist Psychotherapie? (2022).

werden als mittel bis hoch eingestuft. Die Reliabilität der einzelnen Instrumente ist ebenfalls mittel bis hoch einzustufen. Zudem ist das ISO-Kriterium für Messempfindlichkeit erfüllt da die Items auf einer fünfstufigen Skala gemessen werden. Der COPSOQ wird der ISO 10075-3 auf Stufe zwei, welche die Klassifizierung zur Messung und Erfassung der psychischen Arbeitsbelastung erfasst, zugeordnet. Folgende Parameter werden vom COPSOQ umfasst: Anforderungen, Einfluss und Entwicklungsmöglichkeiten, soziale Beziehung und Führung, Belastungsfolgen sowie weitere Parameter, wie z.B. Unsicherheit des Arbeitsplatzes. Jeder Antwortmöglichkeit eines Items wurde ein Wert zwischen null und 100 zugeordnet. Demnach wird er wie folgt bewertet: sehr gering = 0 Punkte, gering = 25, mäßig = 50, hoch = 75 und sehr hoch = 100 Punkte. Bei den Parametern Anforderungen, Belastungsfolgen und Unsicherheit des Arbeitsplatzes sind niedrige Werte erstrebenswert. Bei den Parametern Einfluss und Entwicklungsmöglichkeiten, sowie soziale Beziehung und Führung sind hohe Werte positiv zu deuten.[7] Im Allgemeinen kann festgehalten werden, dass es sich bei dem COPSOQ, um einen wissenschaftlich validierten Fragebogen zur Erfassung von psychischen Belastungen und Beanspruchung auf der Arbeit, handelt. Er wird überwiegend in der betrieblichen Gefährdungsbeurteilung eingesetzt.[8]

Fallbeispiel für die Verwendung des COPSOQ:
Die aktuelle Corona-Pandemie beeinflusst die Arbeitsbedingungen in vielen Unternehmen enorm. Um die arbeitsbezogenen Belastungen und psychischen Beanspruchung hinsichtlich der Corona Pandemie zu messen, hat sich ein Klinikum dafür entschieden das gesamte Pflegepersonal anhand eines COPSOQ zu befragen. Anhand der entstehenden Daten soll dann herausgefunden werden, inwieweit eine Reduzierung der beruflichen Anforderungen notwendig ist, um die psychische Belastung des Pflegepersonals zu reduzieren. Darüber hinaus können so gesundheitsfördernde und präventive Maßnahmen für das Pflegepersonal eingesetzt werden.

---

[7] *Mühlhaus* et al. (2020), S. 130.
[8] Willkommen bei COPSOQ Deutschland » COPSOQ – Die Befragung zu psychischen Belastungen am Arbeitsplatz (2022).

2.2 Arbeitsbezogenes Verhaltens- und Erlebensmuster (AVEM)

Der Fragebogen zum arbeitsbezogenem Verhaltens- und Erlebensmuster wird zu Ermittlung der gesundheitsfördernden beziehungsweise der gesundheitsgefährdenden Verhaltens- und Erlebensmuster, bei der Bewältigung von beruflichen Anforderungen, herangezogen. Hierbei werden insgesamt elf Dimensionen in elf Bereichen erfasst. Der Fragebogen besteht aus insgesamt 66 Items, welche folgende Parameter umfassen: Arbeitsengagement, subjektive Bedeutsamkeit der Arbeit, beruflicher Ehrgeiz, Verausgabungsbereitschaft, Perfektionsstreben, Distanzierungsfähigkeit, persönliche Widerstandsfähigkeit und Bewältigungsstrategien, Resignationstendenzen bei Misserfolg, offensive Problembewältigung, innere Ruhe und Ausgeglichenheit, Emotionen, Erfolgs erleben im Beruf, Lebens Zufriedenheit und das Erleben sozialer Unterstützung. Die Probanden können dann anhand einer fünfstufigen Skala, von völlig bis überhaupt nicht, kennzeichnen welche Antwort am ehesten auf sie zutrifft. Die Bearbeitungszeit des Fragebogens beträgt in etwa 10 Minuten. Durch die Auswertung der jeweiligen Werte kann eine Wahrscheinlichkeitsangabe des individuellen Profils gemacht werden. Nach der Auswertung werden die Probanden dann in verschiedene Muster eingeteilt. Die Muster A und B gelten als gesundheitsgefährdend, die Muster G und S gelten als gesundheitsfördernd.[9]

G-Muster:

Personen, welche dem G-Muster zugeordnet werden, haben eine deutliche Ausprägung in den Dimensionen für Engagement, ein hohes Maß an Widerstandskraft und Bewältigungskompetenz bei beruflichen Belastungen. Zudem weisen Sie höchste Werte in den Dimensionen Zufriedenheit und Geborgenheit auf.

---

[9] *Mühlhaus* et al. (2020), S. 137–138.

S-Muster:

Hierbei handelt es sich um Personen mit geringer Ausprägung bei der Dimension Engagement und die höchste Distanzierungsfähigkeit bei relativer Zufriedenheit.

A-Muster:

Personen, welcher unter das A-Muster fallen leiden an selbst Überforderung übersteigertem Engagement. Ihre Emotionen gegenüber Berufs- und Lebensanforderungen sind positiv und sie setzen sich offensiv mit Problemen auseinander.

B-Muster:

Hier werden Personen mit negativen Emotionen eingeteilt. Gegenüber alltäglichen Anforderungen zeigen Sie eine passive, resignative - leidende Haltung.[10]

Fallbeispiel für die Verwendung des COPSOQ:

Persönlichkeitsmerkmale und arbeitsbezogene Verhaltens- und Erlebensmuster können einen Einfluss auf das Selbstbild und Coping haben. Anhand des AVEM-Verfahrens kann diese Fragestellung in der Berufsgruppe der weiblichen Lehrkräfte untersucht werden. Diese Berufsgruppe gehört zu den Berufen mit hohen psycho-emotionalen Belastungen und weist gegenüber der Allgemeinbevölkerung häufiger psychosomatische Beschwerden wie bspw. Erschöpfung, Müdigkeit sowie Schlaf- und Konzentrationsstörungen auf.

---

[10] 161026_PD-Forum_AVEM-Kurzform, S. 4.

3   Rational-emotive Verhaltenstherapie

Im Jahr 1955 wurde die rational-emotive Verhaltenstherapie (REVT) von Albert Ellis begründet. Sie zählt zu der ältesten und ersten Form kognitiver Verhaltenstherapie. Der Ansatz von Ellis Führte zehn Jahre nach Begründung zu einer kognitiven Wende in der Verhaltenstherapie. Im Gegensatz zu den anderen Verhaltenstherapien, zeichnet sich die REVT vor allem durch ihren starken philosophischen Bezug aus. Es handelt sich hierbei um einen handlungsorientierten psychotherapeutischen Ansatz, welcher das Ziel verfolgt emotionalen Wachstum zu stärken. Die Patienten werden ermutigt ihre Gefühle bewusst zu erleben und auszudrücken, hierbei ist der Zusammenhang zwischen Denken, Fühlen und Handeln besonders wichtig. Die REVT verfolgt das Hauptziel, tief gehender Veränderung lebensphilosophischer Einstellungen, durch:

•   unbedingte Selbst- und Fremd-Akzeptanz

•   Veränderung und Analyse von Metaproblemen (Z. B. Angst vor der Angst)

•   Fokus auf (Muss-)turbation und die einhergehenden irrationalen Ableitungen (Katastrophisieren, Frustrationsintoleranz, pauschales bewerten und abwerten)

•   Der Fokus wird in erster Linie auf die Analyse und Modifikation von verzerrter Wahrnehmung und Interpretationen gerichtet, danach erst auf falsche Attributionen und maladaptive Schemata

Durch die REVT kann emotionaler Stress abgebaut werden und emotionale Probleme überwunden werden. Zudem kann die vorhandene persönliche Energie kreativ eingesetzt werden und das Leben bei der alltäglichen Arbeit und im persönlichen Bereich kann mit der REVT mit mehr Zufriedenheit, Erfolg und Erfülltheit gestaltet werden. Menschen neigen immer dazu sich übermäßig psychisch zu belasten, wenn etwas nicht so läuft wie geplant oder sie Ablehnung von einem wichtigen Menschen erfahren. Aber auch wenn andere Menschen uns unfair behandeln, oder wir mit Dingen konfrontiert werden, die unangenehm oder schmerzvoll sind. Durch das Lernen selbstschädigende Einstellungen zu verändern, kann die Fähigkeit mit gegenwärtigen Problemen umzugehen und ein emotional befriedigendes Leben zu führen, entwickelt werden. Die REVT dient als Basis für eine Reihe von effektiven Psychotherapieansetzen (z.b. kognitive Verhaltenstherapie) und zählt zu den bedeutendsten Psychotherapieansätzen aller Zeiten.[11] Bei der REVT ist vor allem die Grundhaltung von Akzeptanz und Flexibilität entscheidend. Denn anstatt absolute Forderungen zu stellen, sollten Menschen flexible Präferenzen (z. B. Ich will natürliche Anerkennung, brauche sie aber nicht unbedingt) pflegen. Diese sollen weiterhin ausdrücken was man will, aber gleichzeitig sollte anerkannt werden, dass es keine Garantie dafür gibt, ob das was Menschen sich wünschen auch wirklich eintritt.[12] Bei der REVT beschäftigt man sich vor allem mit der Frage, warum Menschen auf gleiche oder ähnliche Ereignisse unterschiedlich reagieren. Bei dieser Therapieform soll eine Methode entwickelt werden, mit welcher Menschen ihr Leben glücklicher gestalten können. Sie basiert auf den Grundlagen der allgemeinen Psychologie und der Sozialpsychologie, gehört aber nicht der klassischen sozialpsychologischen Theorie an.[13]

Das Deutsche Institut für REVT bietet eine Vollausbildung von der bayerischen Landeskammer der Psychologischen Psychotherapeuten und der Kinder- und Jugendlichenpsychotherapeuten an. Diese Ausbildung umfasst sechs Praxisworkshops, welche Lectures zu bestimmten Themen und Therapietraining beinhalten, und vier Themenworkshops.[14] Die REVT reduziert emotionale Regulationsdefizite und deckt selbstschädigende irrationale Denkmuster auf, welche Blockaden in allen Lebensbereichen auslösen können. Mit Hilfe der REVT werden diese Blockaden überwunden und Fähigkeiten, wie z.B.: Entscheidungsfähigkeit, Konzentrationsfähigkeit, Selbstdisziplin, Selbstakzeptanz, Optimierung menschlicher Beziehungen und Überwindung feindseliger und depressiver Gefühle ausgebaut. In den Workshops kann gelernt werden, wie die REVT für das Coaching in der Praxis angewendet werden kann.

---

[11] ret-revts Webseite! (2022).
[12] Psychotherapeutische Praxis Nils Spitzer - Rational-Emotive Verhaltenstherapie (REVT) (2022).
[13] Behnke (2016), S. 103.
[14] ret-revts Webseite! (2022).

Nach dem erfolgreichen Abschluss der Ausbildung erhält man ein DIREKT-Abschlusszertifikat über eine Ausbildung in Rational-Emotiver und Kognitiver Verhaltenstherapie.[15] Im Folgenden soll ein Beispiel für eine fiktive Coachingsituation mit der REVT vorgestellt werden:

Fallbeispiel für die Verwendung der REVT:

Ein Kind weist massive Schulschwierigkeiten auf, diese sind primär auf einen Mangel an allgemeinen Lernkompetenzen zurückzuführen. In solchen Fällen kann es im Sinne der REVT sinnvoll sein, dem Kind spezifische Strategien zur Steigerung seiner Lernleistung, unter Berücksichtigung seiner individuellen kognitiven und motivationalen Ressourcen, näherzubringen. Es gibt verschiedene Techniken, mit welchen irrationale Kognitionen, wie z.B. „Meine schlechten Noten sind ein Beweis dafür, dass ich lernunfähig bin und es auch immer bleiben werde", widerlegt werden können.

---

[15] ret-revts Webseite! (2022).

Literaturverzeichnis

161026_PD-Forum_AVEM-Kurzform. Online verfügbar unter https://www.bfw-dortmund.de/images/pdf/161026_PD-Forum_AVEM-Kurzform.pdf, zuletzt geprüft am 13.01.2022.

Behnke, Kristin (2016): Umgang mit Feedback im Kontext Schule. Erkenntnisse aus Analysen der externen Evaluation und des Referendariats. Wiesbaden: Springer Fachmedien (SpringerLink Bücher). Online verfügbar unter https://link.springer.com/content/pdf/10.1007%2F978-3-658-10223-4.pdf, zuletzt geprüft am 13.01.2022.

Fahr, Uwe (2017): Coaching an der Hochschule. Grundlagen und Impulse für Coaches und Hochschulangehörige. Wiesbaden: Springer (SpringerLink Bücher). Online verfügbar unter https://link.springer.com/content/pdf/10.1007%2F978-3-658-16847-6.pdf, zuletzt geprüft am 10.01.2022.

Hänel, Thomas (2018): Depression – das Leben mit der schwarz gekleideten Dame in den Griff bekommen. 2. Aufl. 2018. Berlin, Heidelberg: Springer (SpringerLink Bücher). Online verfügbar unter https://link.springer.com/content/pdf/10.1007%2F978-3-662-54417-4.pdf, zuletzt geprüft am 10.01.2022.

KM Team (2020): Rational-emotive Verhaltenstherapie (REVT) und Kognitive Verhaltenstherapie (KVT) - KM Team. Online verfügbar unter https://kmteam.de/ausbildung-im-kognitiven-management/revt-und-kvt/, zuletzt aktualisiert am 21.06.2020, zuletzt geprüft am 16.01.2022.

Mühlhaus, Teresa; Rathmann, Katharina; Lincke, Hans-Joachim (2020): Arbeitsbezogene Belastungen und psychische Beanspruchungen von PhysiotherapeutInnen: eine quantitative Primärerhebung mit dem „Copenhagen Psychological Questionnaire" (COPSOQ). In: *Präv Gesundheitsf* 15 (2), S. 129–135. DOI: 10.1007/s11553-019-00720-9.

Psychotherapeutische Praxis Nils Spitzer - Rational-Emotive Verhaltenstherapie (REVT) (2022). Online verfügbar unter https://www.psychotherapeutische-praxis-nils-spitzer.de/psychotherapie/rational-emotive-verhaltenstherapie-revt/, zuletzt aktualisiert am 13.01.2022, zuletzt geprüft am 13.01.2022.

Psychotherapie (2014). Online verfügbar unter https://www.spektrum.de/lexikon/psychologie/psychotherapie/12210, zuletzt aktualisiert am 04.12.2014, zuletzt geprüft am 10.01.2022.

ret-revts Webseite! (2022): Vollausbildung. Online verfügbar unter https://www.ret-revt.de/ausbildung/vollausbildung/, zuletzt aktualisiert am 16.01.2022, zuletzt geprüft am 16.01.2022.

ret-revts Webseite! (2022): Was ist Rational-Emotive Verhaltenstherapie (REVT) ? Online verfügbar unter https://www.ret-revt.de/revt-kvt/, zuletzt aktualisiert am 13.01.2022, zuletzt geprüft am 13.01.2022.

ret-revts Webseite! (2022): Zusatzqualifikation. Online verfügbar unter https://www.ret-revt.de/coaching/, zuletzt aktualisiert am 16.01.2022, zuletzt geprüft am 16.01.2022.

Stefanie Kunz (2019): Coaching bei Überlastung | Dipl.-Psych. S. Kunz, Friedrichshain. Online verfügbar unter https://www.coaching-friedrichshain.de/coaching/coaching-beispiele/coaching-beispiel-ueberlastung/, zuletzt aktualisiert am 18.10.2019, zuletzt geprüft am 10.01.2022.

VPP - Was ist Psychotherapie? (2022). Online verfügbar unter https://vpp.org/patienten/psychotherapie.html, zuletzt aktualisiert am 16.01.2022, zuletzt geprüft am 16.01.2022.

Was ist Coaching und was kann es alles? (2022). Online verfügbar unter https://www.landsiedel-seminare.de/coaching-welt/wissen/fragen/was-ist-coaching.html, zuletzt aktualisiert am 15.01.2022, zuletzt geprüft am 15.01.2022.

Was ist Coaching und was kann es alles? (2022). Online verfügbar unter https://www.landsiedel-seminare.de/coaching-welt/wissen/fragen/was-ist-coaching.html, zuletzt aktualisiert am 16.01.2022, zuletzt geprüft am 16.01.2022.

Willkommen bei COPSOQ Deutschland » COPSOQ – Die Befragung zu psychischen Belastungen am Arbeitsplatz (2022). Online verfügbar unter https://www.copsoq.de/, zuletzt aktualisiert am 10.01.2022, zuletzt geprüft am 10.01.2022.

s40664-018-0318-1. Online verfügbar unter https://link.springer.com/content/pdf/10.1007/s40664-018-0318-1.pdf, zuletzt geprüft am 13.01.2022.

BEI GRIN MACHT SICH IHR WISSEN BEZAHLT

- Wir veröffentlichen Ihre Hausarbeit,
  Bachelor- und Masterarbeit

- Ihr eigenes eBook und Buch -
  weltweit in allen wichtigen Shops

- Verdienen Sie an jedem Verkauf

Jetzt bei www.GRIN.com hochladen
und kostenlos publizieren